Impressum
Verlag: BABADADA GmbH, Nedderfeld 112 , 22529 Hamburg
Geschäftsführer / Verlagsleitung: Harald Hof
Druck: Books on Demand GmbH, In de Tarpen 42, 22848 Norderstedt

Imprint
Publisher: BABADADA GmbH, Nedderfeld 112 , 22529 Hamburg, Germany
Managing Director / Publishing direction: Harald Hof
Print: Books on Demand GmbH, In de Tarpen 42, 22848 Norderstedt, Germany

škola

escola

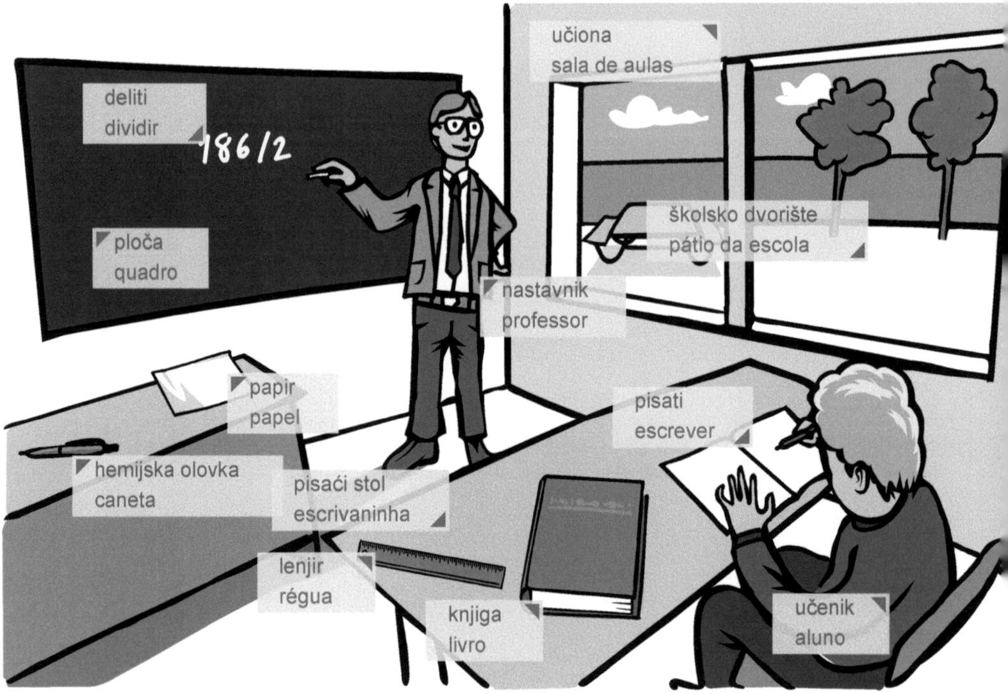

učiona
sala de aulas
deliti
dividir
186/2
ploča
quadro
školsko dvorište
pátio da escola
nastavnik
professor
papir
papel
pisati
escrever
hemijska olovka
caneta
pisaći stol
escrivaninha
lenjir
régua
knjiga
livro
učenik
aluno

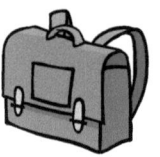

torba
sacola

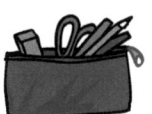

pernica
estojo de lápis

grafitna olovka
lápis

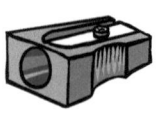

šiljilo za olovke
apontador de lápis

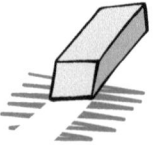

gumica za brisanje
borracha

blok za crtanje
bloco de desenho

crtež
desenho

kist
pincel

kutija sa bojama
estojo de tintas

makaze
tesoura

lepilo
cola

beležnica
livro de exercícios

domaći zadatak
lição de casa

broj
número

sabirati
somar

oduzimati
subtrair

multiplicar

množiti
multiplicar

računati
calcular

slovo
letra

abeceda
alfabeto

reč
palavra

tekst
....
texto

čitati
....
ler

kreda
....
giz

čas
....
hora

dnevnik
....
registro da classe

ispit
....
exame

svedočanstvo
....
certificado

školska uniforma
....
uniforme escolar

obrazovanje
....
educação

leksikon
....
enciclopédia

univerzitet
....
universidade

mikroskop
....
microscópio

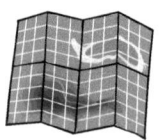

karta
....
mapa

košara za papir
....
cesto de lixo

hotel
hotel

Grand

prenoćište
albergue

ROOMS

menjačnica
casa de câmbio

EXCHANGE

kofer
mala

auto
carro

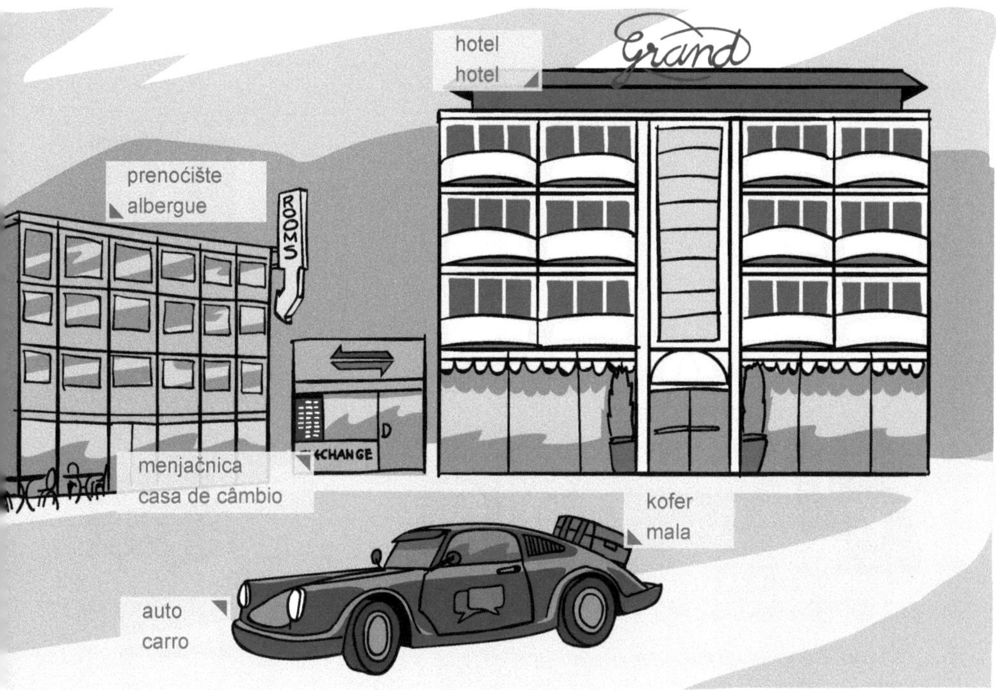

jezik
idioma

da / ne
sim / não

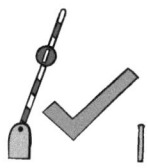

okej
ok

zdravo
Olá

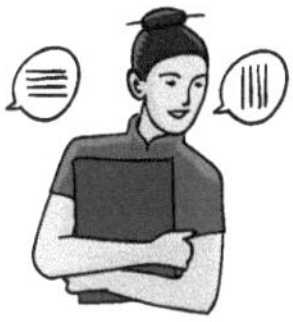

prevodilac
tradutor

hvala
obrigado

Koliko košta...?

quanto custa...?

ne razumem

eu não entendo

problem

problema

dobro veče!

boa noite!

Dobro jutro!

Bom dia!

Laku noć!

Boa noite!

doviđenja

até logo

smer

direção

prtljaga

bagagem

torba

bolsa

ruksak

mochila

gost

convidado

soba

quarto

vreća za spavanje

saco de dormir

šator

barraca

turističke informacije

informação turística

plaža

praia

kreditna kartica

cartão de crédito

doručak

café da manhã

ručak

almoço

večera

jantar

karta za vožnju

bilhete

lift

elevador

poštanska markica

selo

granica

fronteira

carina

alfândega

ambasada

embaixada

viza

visto

pasoš

passaporte

transport
transporte

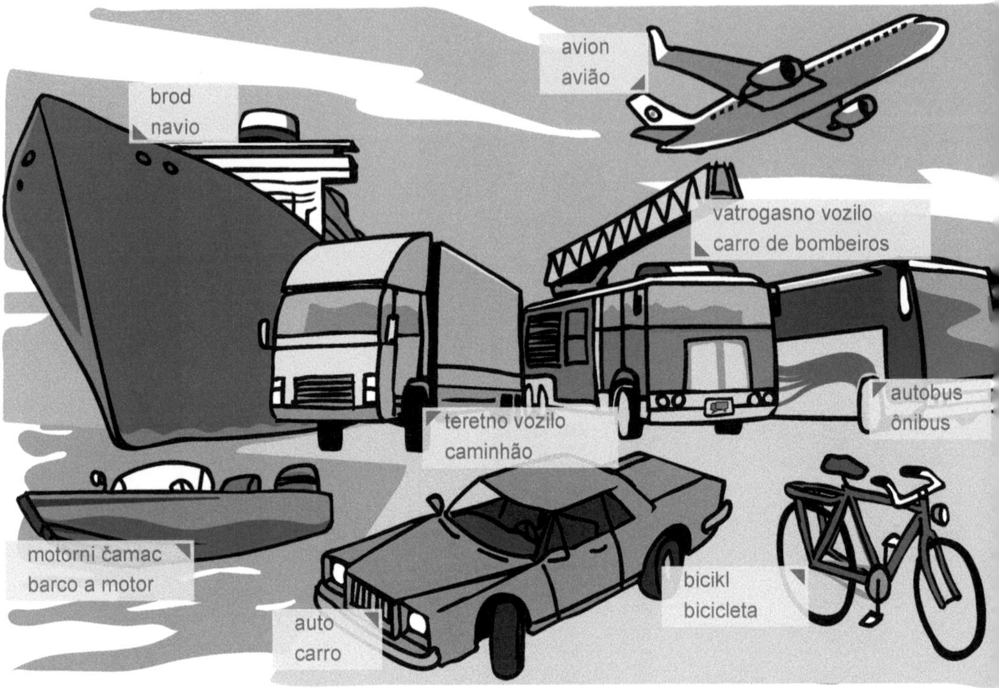

avion
avião
brod
navio
vatrogasno vozilo
carro de bombeiros
autobus
ônibus
teretno vozilo
caminhão
motorni čamac
barco a motor
bicikl
bicicleta
auto
carro

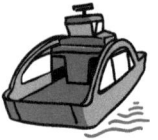

trajekt

balsa

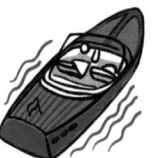

čamac

barco

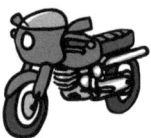

motocikl

motocicleta

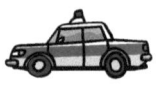

policijski auto

veículo policial

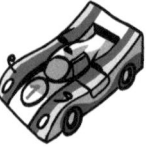

trkaći auto

carro de corrida

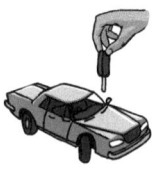

iznajmljeno auto

carro de aluguel

delenje automobila

compartilhamento de
automóvel

vučno vozilo

caminhão de reboque

vozilo za odvoz smeća

caminhão de lixo

motor

motor

benzin

combustível

benzinska stanica

posto de gasolina

saobraćajni znak

placa de trânsito

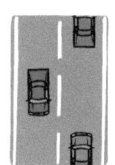

saobraćaj

trânsito

zastoj

trânsito lento

parkiralište

estacionamento

železnička stanica

estação de trem

šine

trilhos

voz

trem

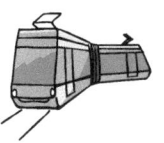

tramvaj

bonde

vagon

vagão

helikopter

helicóptero

aerodrom

aeroporto

kula

torre

putnik

passageiro

kontejner

contêiner

karton

cartolina

kolica

carroça

korpa

cesto

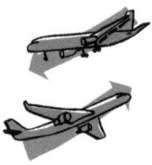

uzleteti / sleteti

decolar / pousar

grad
cidade

selo

vilarejo

centar grada

centro da cidade

kuća

casa

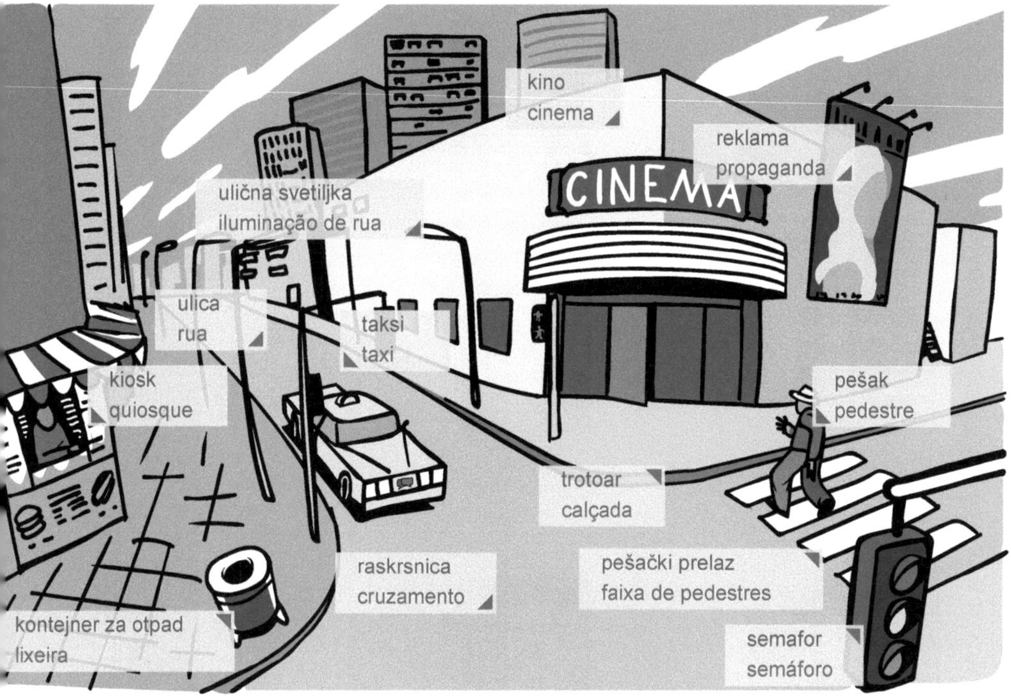

kino
cinema

reklama
propaganda

ulična svetiljka
iluminação de rua

ulica
rua

taksi
taxi

kiosk
quiosque

pešak
pedestre

trotoar
calçada

raskrsnica
cruzamento

pešački prelaz
faixa de pedestres

kontejner za otpad
lixeira

semafor
semáforo

koliba
cabana

stan
apartamento

železnička stanica
estação de trem

većnica
prefeitura

muzej
museu

škola
escola

grad - cidade 11

univerzitet

universidade

banka

banco

bolnica

hospital

hotel

hotel

apoteka

farmácia

kancelarija

escritório

knjižara

livraria

prodavnica

loja

cvećara

floricultura

supermarket

supermercado

trg

mercado

robna kuća

loja de departamentos

ribarnica

peixaria

trgovački centar

centro comercial

luka

porto

grad - cidade

park
parque

klupa
banco

most
ponte

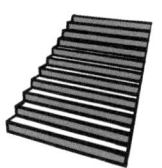

stepenice
escadas

podzemna železnica
metrô

tunel
túnel

autobuska stanica
ponto de ônibus

bar
bar

restoran
restaurante

poštansko sanduče
ixa de correspondência

ulični znak
placa de rua

parkirni automat
parquímetro

zoološki vrt
zoológico

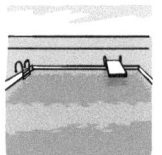

bazen
piscina

džamija
mesquita

seosko gazdinstvo

fazenda

zagađenje okoline

poluição

groblje

cemitério

crkva

igreja

igralište

parquinho

hram

templo

pejsaž
paisagem

list
folha

putokaz
placa de sinalização

put
caminho

livada
gramado

kamen
pedra

šetač
caminhantes

drvo
árvore

reka
rio

trava
grama

cvijet
flor

dolina
vale

planina
montanha

jezero
lago

šuma
floresta

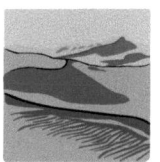

pustinja
deserto

vulkan
vulcão

dvorac
castelo

duga
arco-íris

gljiva
cogumelo

palma
palmeira

moskito
mosquito

muva
mosca

mrav
formiga

pčela
abelha

pauk
aranha

buba

besouro

žaba

sapo

veverica

esquilo

jež

ouriço

zec

lebre

sova

coruja

ptica

pássaro

labud

cisne

divlja svinja

javali

jelen

veado

los

alce

nasip

barragem

vetrenjača

aerogerador

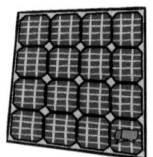

solarna ploča

painel solar

klima

clima

restoran
restaurante

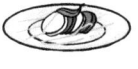

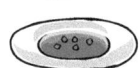

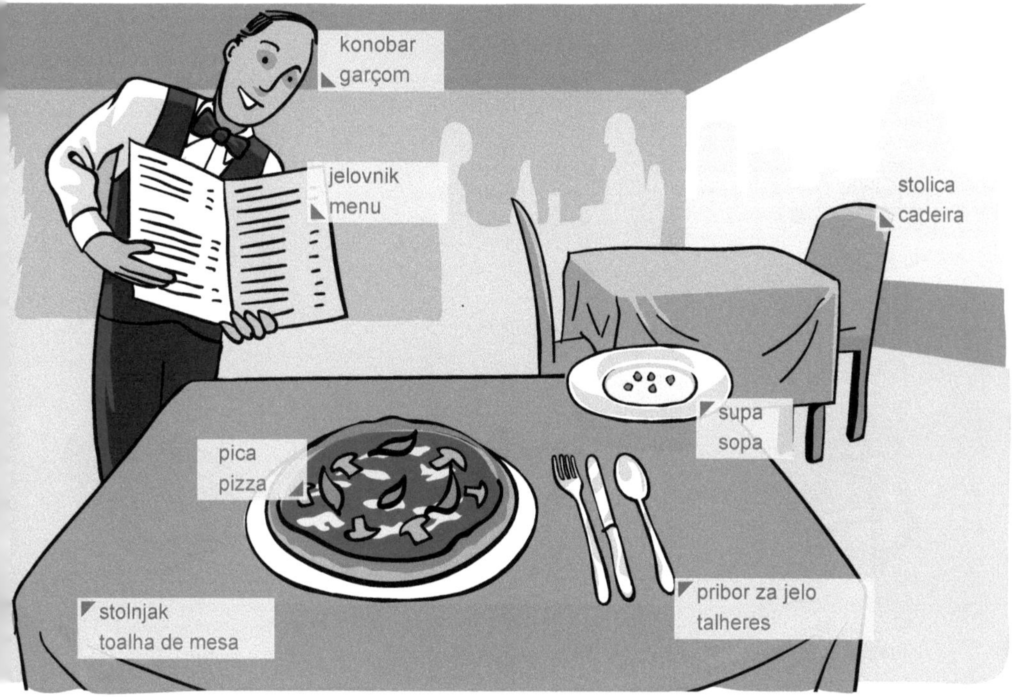
konobar
garçom
jelovnik
menu
stolica
cadeira
supa
sopa
pica
pizza
pribor za jelo
talheres
stolnjak
toalha de mesa

predjelo

entrada

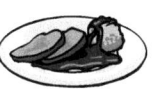

glavno jelo

prato principal

desert

sobremesa

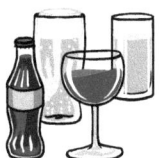

napitci

bebidas

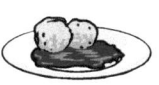

jelo

comida

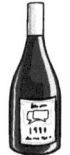

flaša

garrafa

brza hrana

fastfood

imbis hrana

comida de rua

čajnik

bule de chá

doza za šećer

açucareiro

porcija

porção

aparat za espresso

máquina de expresso

visoka stolica

cadeirão

račun

conta

poslužavnik

bandeja

nož

faca

viljuška

garfo

kašika

colher

čajna kašika

colher de chá

salveta

guardanapo

čaša

copo

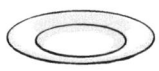

tanjir
prato

tanjir za supu
prato de sopa

tanjirić
pires

sos
molho

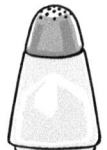

soljenka
saleiro

mlin za biber
moedor de pimenta

sirće
vinagre

ulje
óleo

začini
especiarias

kečap
ketchup

senf
mostarda

majoneza
maionese

supermarket
supermercado

ponuda
oferta especial
FOR
kupac
cliente
mlečni proizvodi
laticínios
voće
frutas
kolica za kupovinu
carrinho de compras

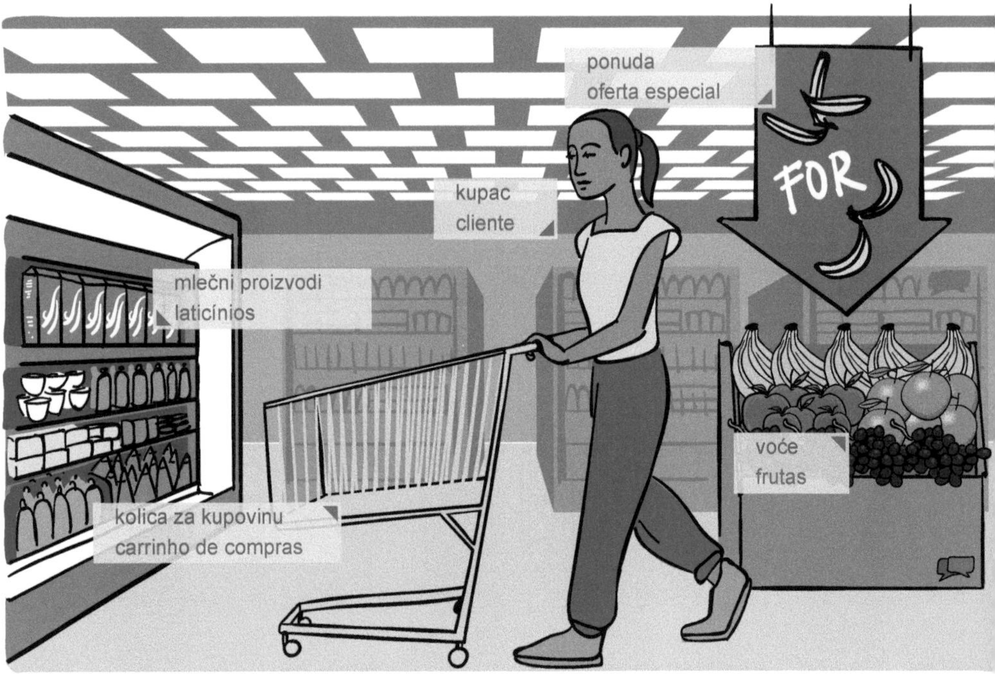

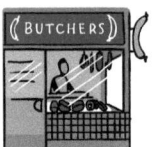

BUTCHERS

mesnica

açougue

BAKERY

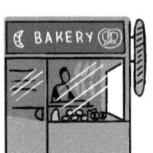

pekara

padaria

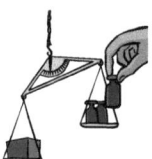

vagati

pesar

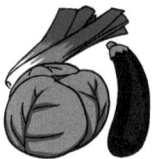

povrće

legumes

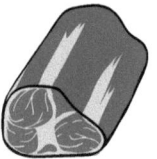

meso

carne

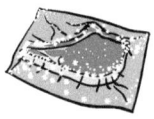

smrznuta hrana

congelados

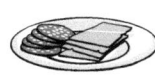

narezak
charcutaria

konzerve
conservas

sredstvo za pranje
detergente em pó

slatkiši
doces

artikli za domaćinstvo
artigos domésticos

sredstva za čišćenje
produtos de limpeza

prodavačica
vendedora

blagajna
caixa

blagajnik
caixa

lista za kupovinu
lista de compras

vreme rada
horário de funcionamento

novčanik
carteira

kreditna kartica
cartão de crédito

torba
sacola

plastična kesa
saco plástico

voda

água

sok

suco

mleko

leite

kola

coca-cola

vino

vinho

pivo

cerveja

alkohol

álcool

kakao

cacau

čaj

chá

kava

café

espresso

expresso

cappuccino

cappuccino

banana

banana

jabuka

maçã

narandža

laranja

lubenica

melão

limun

limão

šargarepa

cenoura

beli luk

alho

bambus

bambu

luk

cebola

gljiva

cogumelo

orašasti plodovi

nozes

rezanci

macarrão

špagete

espaguete

riža

arroz

salata

salada

pomfrit

batatas fritas

pečeni krumpir

batatas frias

pica

pizza

hamburger

hambúrger

sendvič

sanduíche

šnicla

escalope

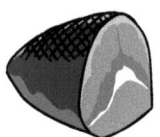

šunka

presunto

salama

salame

kobasica

salsicha

kokoš

galinha

pečenje

assado

riba

peixe

zobene pahuljice

flocos de aveia

musli

granola

kukuruzne pahuljice

flocos de milho

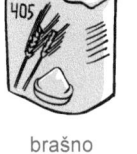

brašno

farinha

kroasan

croissant

pecivo

pãozinho

hleb

pão

toast

torrada

keksi

biscoitos

maslac

manteiga

sveži sir

requeijão

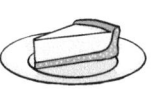

kolač

bolo

jaje

ovo

jaje na oko

ovo frito

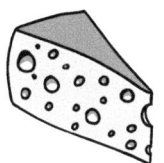

sir

queijo

sladoled

sorvete

šećer

açúcar

med

mel

marmelada

geleia

nugat krema

creme de avelãs

kari

curry

seosko gazdinstvo

fazenda

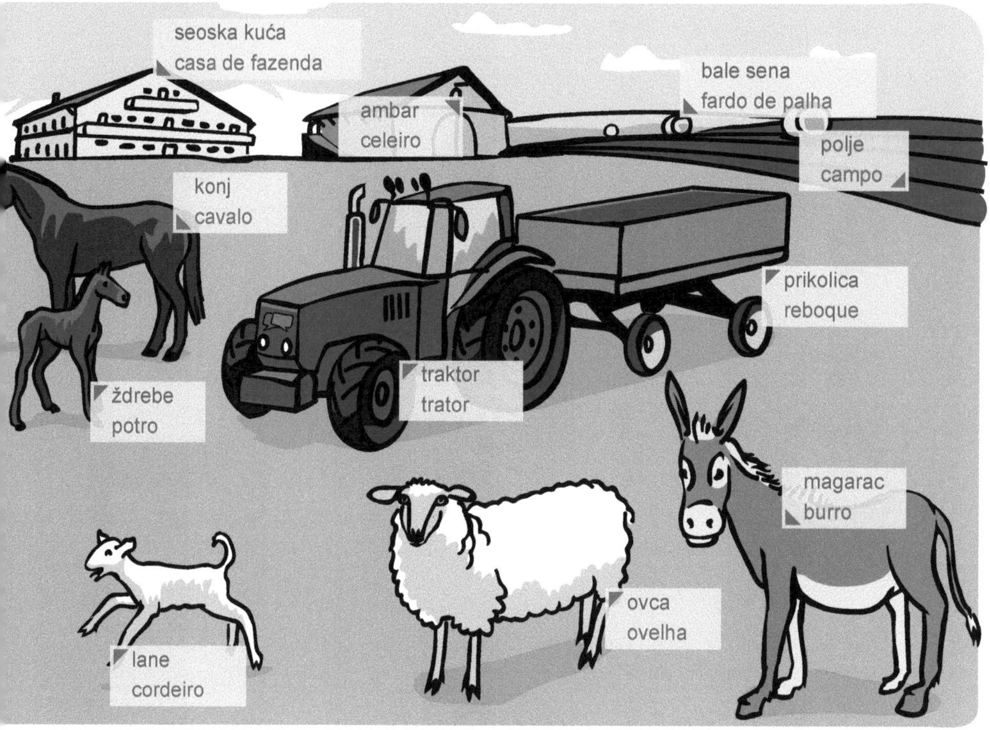
seoska kuća
casa de fazenda
ambar
celeiro
bale sena
fardo de palha
polje
campo
konj
cavalo
prikolica
reboque
traktor
trator
ždrebe
potro
magarac
burro
ovca
ovelha
lane
cordeiro

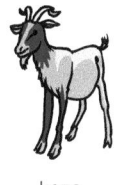

koza

cabra

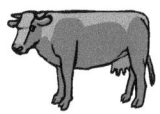

krava

vaca

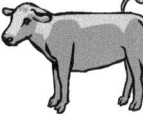

tele

bezerro

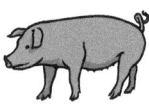

svinja

porco

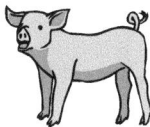

prase

leitão

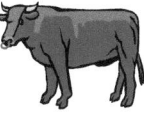

bik

touro

guska

ganso

patka

pato

pilići

pintinho

kokoš

galinha

petao

galo

pacov

ratazana

mačka

gato

miš

camundongo

vol

boi

pas

cachorro

kućica za psa

casinha do cachorro

vrtno crevo

mangueira de jardim

kanta za polivanje

regador

kosa

foice

plug

arado

srp
foice

motika
enxada

viljuška za đubrivo
forquilha

sekira
machado

tačke
carrinho de mão

korito
manjedoura

posuda za mleko
jarra de leite

vreća
saco

ograda
cerca

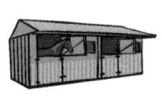

štala
estábulo

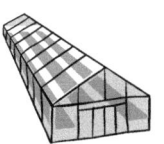

staklenik
estufa

zemlja
solo

seme
semente

đubrivo
fertilizante

kombajn
colheitadeira

žeti

colher

žetva

colheita

jams začin

inhame

pšenica

trigo

soja

soja

krumpir

batata

kukuruz

milho

uljana repica

colza

voćka

árvore frutífera

gomolj manioke

mandioca

žitarice

cereais

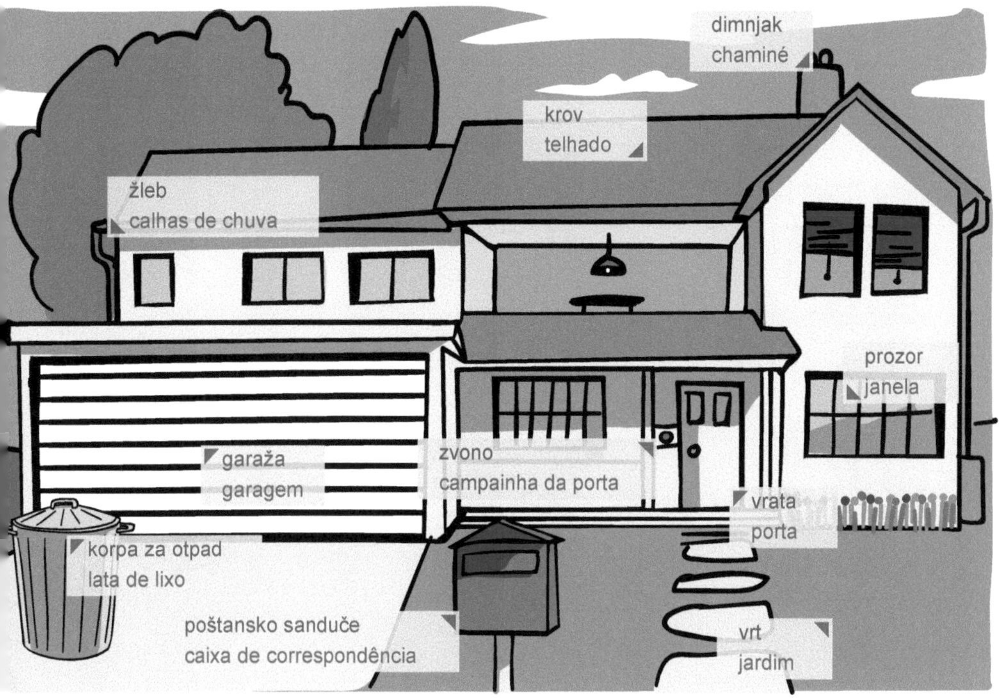

dimnjak
chaminé

krov
telhado

žleb
calhas de chuva

prozor
janela

garaža
garagem

zvono
campainha da porta

vrata
porta

korpa za otpad
lata de lixo

poštansko sanduče
caixa de correspondência

vrt
jardim

dnevna soba
sala de estar

kupaonica
banheiro

kuhinja
cozinha

spavaća soba
quarto de dormir

dečija soba
quarto de criança

trpezarija
sala de jantar

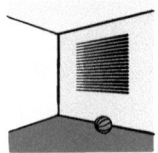

pod

chão

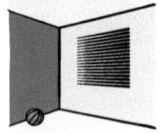

zid

parede

strop

teto

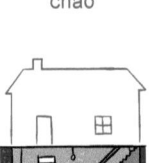

podrum

porão

sauna

sauna

balkon

varanda

terasa

terraço

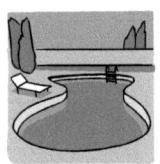

bazen

piscina

kosilica za travu

cortador de grama

posteljina za krevet

lençol

deka za krevet

coberta

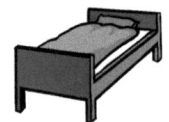

krevet

cama

metla

vassoura

kanta

balde

prekidač

interruptor

dnevna soba
sala de estar

tapeta
papel de parede
slika
quadro
svetiljka
lâmpada
regal
prateleira
ormar
armário
televizija
televisão
kamin
lareira
cvijet
flor
jastuk
travesseiro
kauč
sofá
vaza
vaso
daljinski upravljač
controle remoto

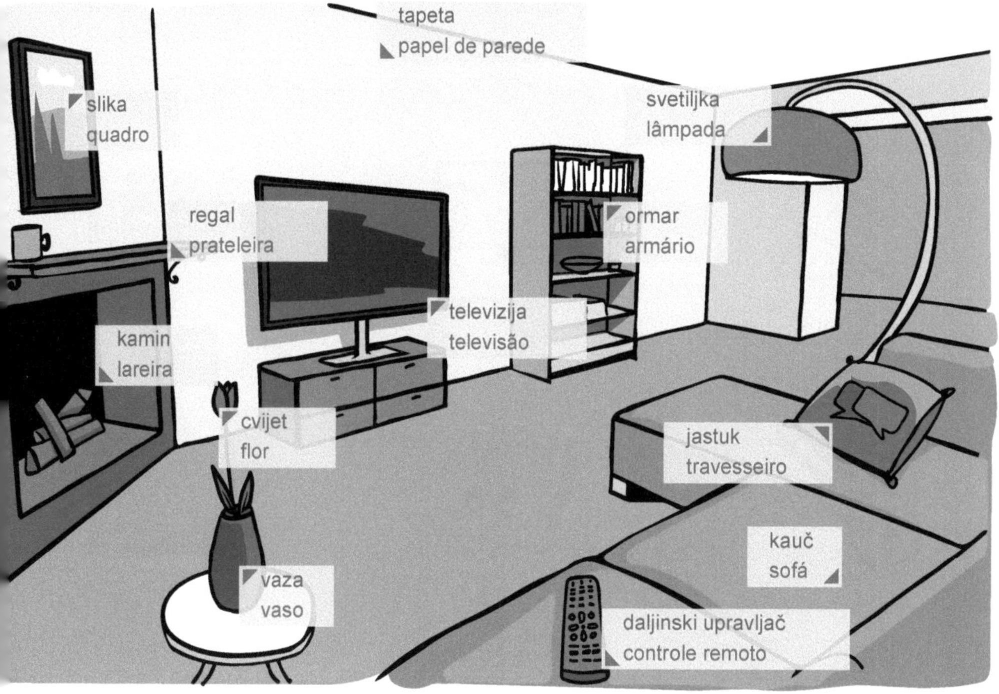

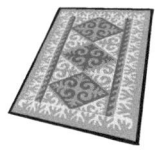

tepih
tapete

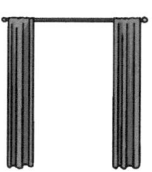

zavesa
cortina

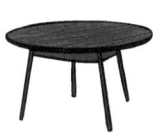

sto
mesa

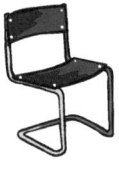

stolica
cadeira

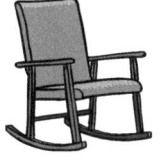

stolica za njihanje
cadeira de balanço

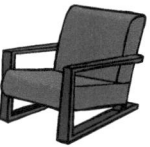

fotelja
poltrona

knjiga
livro

deka
cobertor

dekoracija
decoração

drvo za ogrev
lenha

film
filme

hi-fi uređaj
equipamento de som

ključ
chave

novine
jornal

slika na platnu
pintura

poster
pôster

radio
rádio

blok za pisanje
bloco de notas

usisivač
aspirador

kaktus
cacto

sveća
vela

kuhinja
cozinha

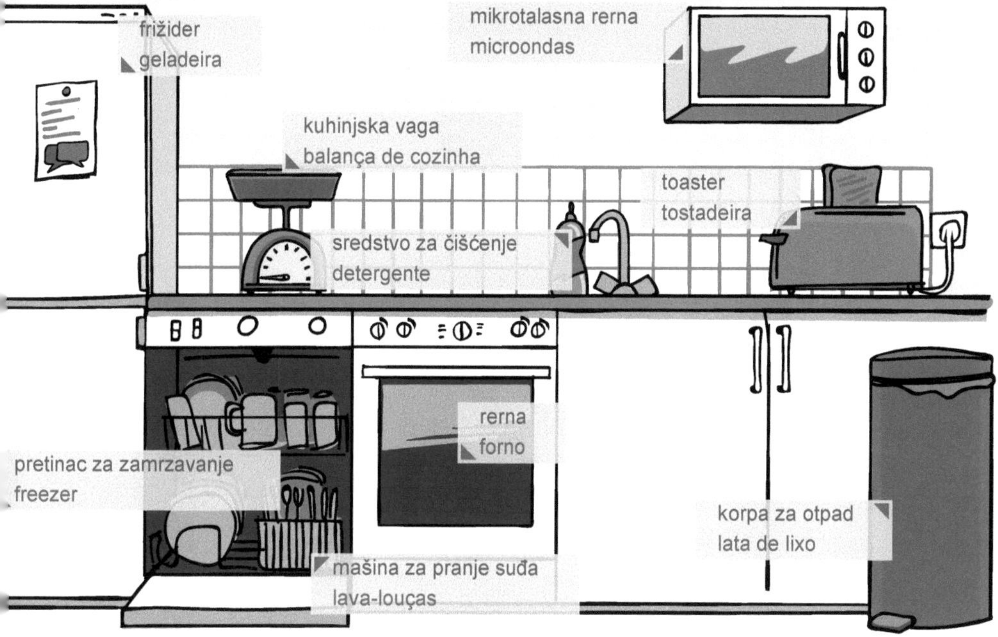
frižider
geladeira
mikrotalasna rerna
microondas
kuhinjska vaga
balança de cozinha
toaster
tostadeira
sredstvo za čišćenje
detergente
rerna
forno
pretinac za zamrzavanje
freezer
korpa za otpad
lata de lixo
mašina za pranje suđa
lava-louças

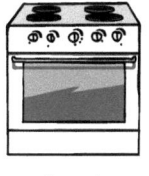

šporet

fogão

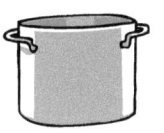

lonac

panela

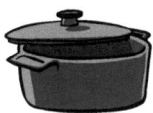

gvozdeni lonac

panela de ferro

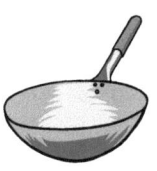

wok / kadai

wok / kadai

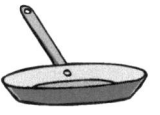

tava

frigideira

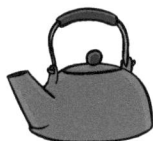

kuvalo za vodu

chaleira

kuvalo na paru

panela a vapor

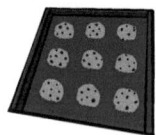

lim za pečenje

tabuleiro de forno

posuđe

louça

čaša

caneca

posuda

caçarola

štapići za jelo

hashi

kutlača

concha de sopa

lopatica

espátula

penjača

batedor

sito za kuvanje

escorredor

sito

peneira

ribež

ralador

mužar

almofariz

roštilj

churrasqueira

ognjište

lareira

daska

tábua de cortar

oklagija

rolo da massa

vadičep

saca-rolhas

konzerva

lata

otvarač konzervi

abridor de latas

krpa za lonac

pegador de panela

sudoper

pia

četka

escova

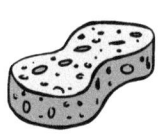

sunđer

esponja

mikser

liquidificador

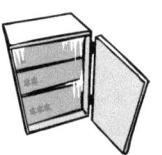

zamrzivač

congelador

flašica za bebe

mamadeira

slavina za vodu

torneira

kupaonica
banheiro

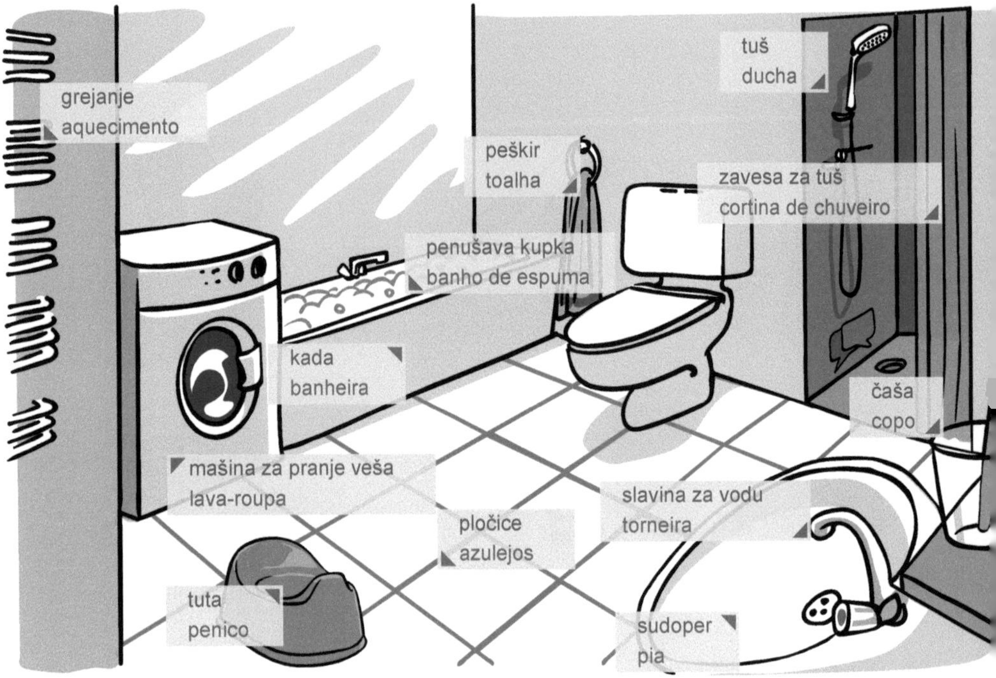

tuš
ducha
grejanje
aquecimento
peškir
toalha
zavesa za tuš
cortina de chuveiro
penušava kupka
banho de espuma
kada
banheira
čaša
copo
mašina za pranje veša
lava-roupa
slavina za vodu
torneira
pločice
azulejos
tuta
penico
sudoper
pia

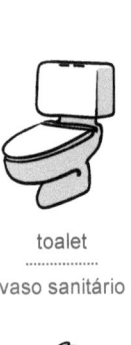

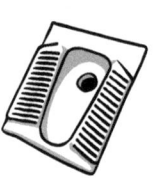

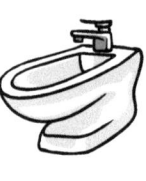

toalet

vaso sanitário

čučavac

lavabo de agachar

bidet

bidê

pisoar

mictório

toaletni papir

papel higiênico

četka za toalet

escova de privada

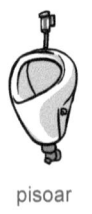

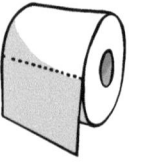

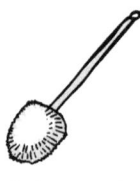

četkica za zube

escova de dentes

pasta za zube

pasta de dentes

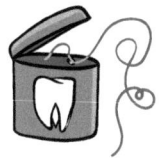

konac za zube

fio dental

prati

lavar

tuš ručica

ducha de mão

tuš za pranje intimnih
dijelova
ducha íntima

lavor

bacia

četka za pranje leđa

escova para as costas

sapun

sabonete

gel za tuširanje

gel de banho

šampon

xampu

krpa za pranje

toalha de rosto

odvod

escoamento

krema

creme

dezodorans

desodorante

ogledalo

espelho

kozmetičko ogledalo

espelho de mão

brijač

barbeador

pena za brijanje

espuma de barbear

losion za posle brijanja

loção pós-barba

češalj

pente

četka

escova

fen za kosu

secador de cabelo

sprej za kosu

spray de cabelo

makeup

maquiagem

ruž za usne

batom

lak za nokte

esmalte de unhas

vata

algodão

makaze za nokte

tesoura para unhas

parfem

perfume

kozmetička torbica

nécessaire

stolica

banquinho

vaga

balança

ogrtač

roupão de banho

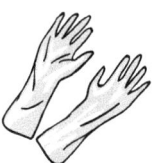

rukavice za čišćenje

luvas de borracha

tampon

absorvente interno

uložak

absorvente íntimo

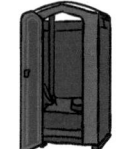

hemijski toalet

banheiro químico

dečija soba
quarto de criança

budilnik
despertador
plišana igračka
boneco de pelúcia
auto igračka
carrinho de brinquedo
zvečka
chacoalho
kućica za lutke
casa de bonecas
poklon
presente

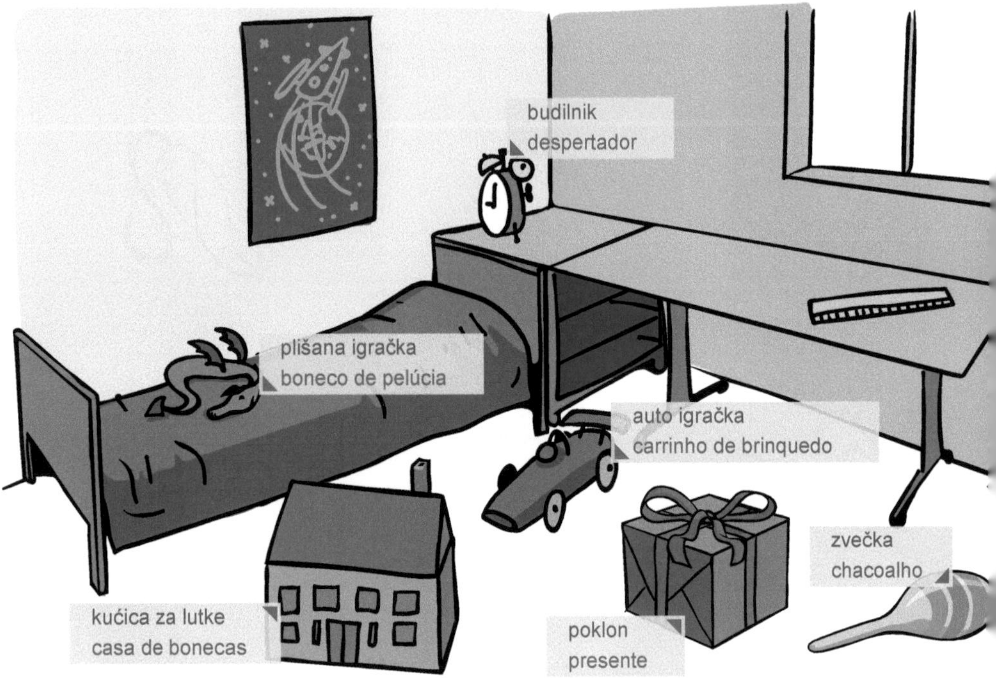

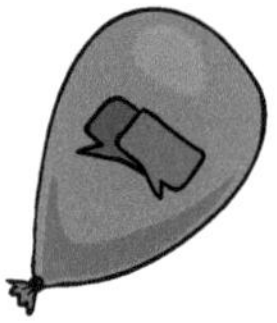

balon
balão

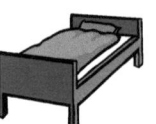

krevet
cama

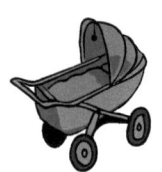

dječija kolica
carrinho de bebê

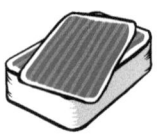

igra s kartama
jogo de cartas

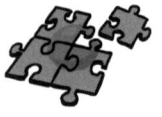

slagalica
quebra-cabeças

SUPER
MEGA

strip
revista de quadrinhos

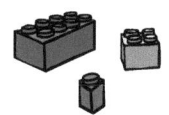

lego kockice

peças de Lego

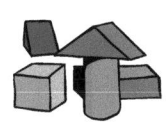

kockice za slaganje

blocos de construção

akcioni junak

figura de ação

benkica za bebe

macaquinho de bebê

frizbi

frisbee

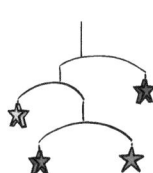

viseće igračke

móbile para bebé

društvene igre

jogo de tabuleiro

kocka

dados

minijaturna željeznica

trenzinho elétrico

duda

chupeta

zabava

festa

slikovnica

livro ilustrado

lopta

bola

lutka

boneca

igrati

brincar

pješčanik

caixa de areia

ljuljačka

balanço

igračka

brinquedos

konzola za igre

videogame

tricikl

triciclo

tedi

ursinho de pelúcia

ormar

guarda-roupa

odeća
vestuário

kratke čarape

meias

čarape

meias pelo joelho

hulahopke

meias-calças

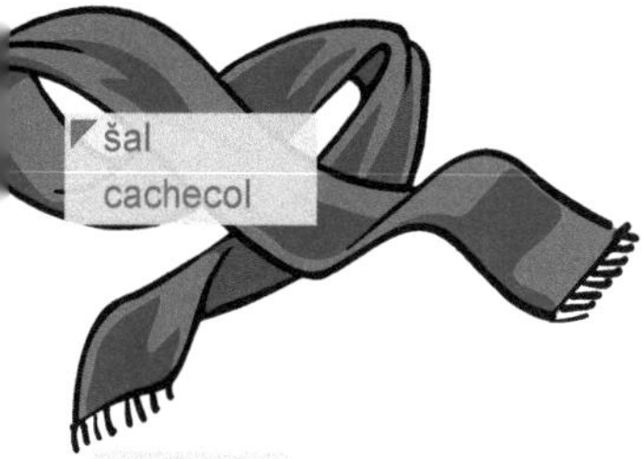

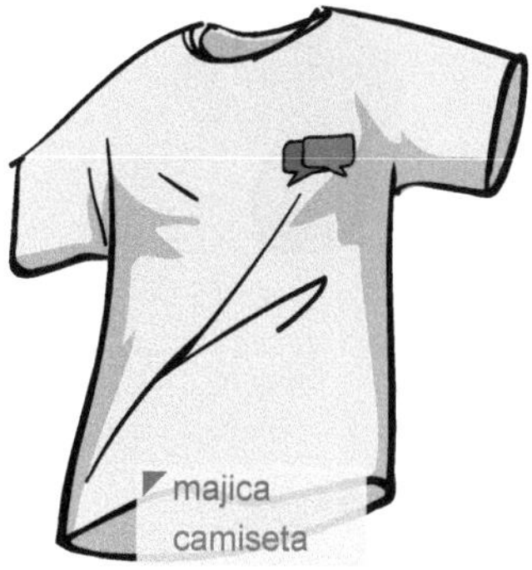

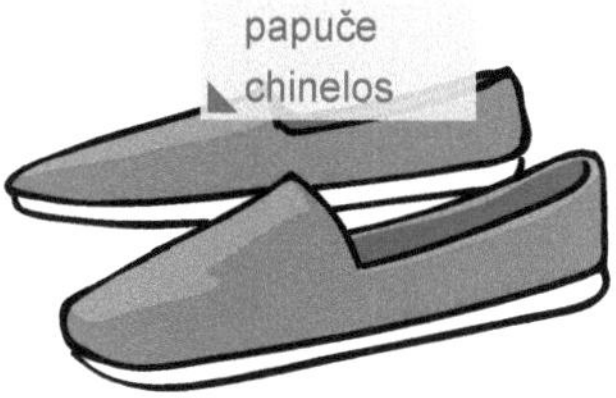

šal
cachecol

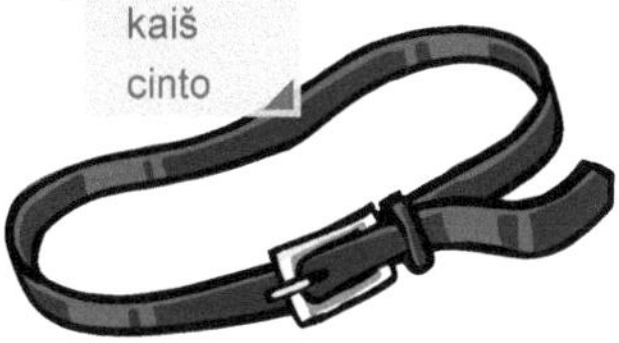

kišobran
guarda-chuva

majica
camiseta

kaiš
cinto

čizme
botas

papuče
chinelos

patike
tênis

sandale
....
sandálias

cipele
....
sapatos

gumene čizme
....
botas de borracha

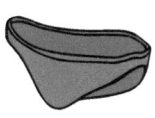

gaćice
....
roupa de baixo

grudnjak
....
sutiã

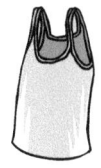

potkošulja
....
camiseta de baixo

odeća - vestuário   45

bodi

body

pantalone

calças

farmerke

jeans

suknja

saia

bluza

blusa

košulja

camisa

džemper

pulôver

džemper s kapuljačom

suéter com capuz

sako

blazer

jakna

jaqueta

kaput

casaco

kabanica

gabardine

kostim

traje

haljina

vestido

venčanica

vestido de casamento

odelo
terno

spavaćica
camisola

pidžama
pijama

sari
sari

marama za glavu
lenço de cabeça

turban
turbante

burka
burca

kaftan
cafetã

abaja
abaya

kupaći kostim
maiô

kupaće gaćice
sunga

kratke pantalone
shorts

odeća za trening
roupa de treino

kecelja
avental

rukavice
luvas

dugme

botão

naočare

óculos

narukvica

pulseira

ogrlica

colar

prsten

anel

naušnica

brinco

kapa

boné

vešalica

cabide

šešir

chapéu

kravata

gravata

patent zatvarač

zíper

kaciga

capacete

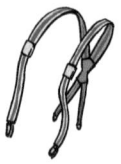

naramenice

suspensórios

školska uniforma

uniforme escolar

uniforma

uniforme

podbradak

babador

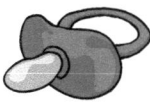

duda

chupeta

pelena

fralda

kancelarija
escritório

server
servidor

ormar za spise
armário de arquivos

štampač
impressora

monitor
monitor

papir
papel

pisaći stol
escrivaninha

miš
mouse

mapa
pasta

tastatura
teclado

košara za papir
cesto de lixo

kompjuter
computador

stolica
cadeira

šalica za kavu

xícara de café

kalkulator

calculadora

internet

internet

laptop

laptop

pismo

carta

poruka

mensagem

mobilni telefon

celular

mreža

rede

uređaj za kopiranje

copiadora

softver

software

telefon

telefone

utičnica

tomada

faks

fax

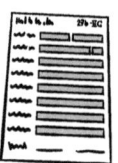

formular

formulário

dokument

documento

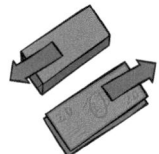

kupovati
comprar

platiti
pagar

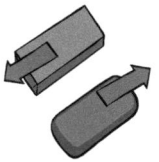

trgovati
negociar

novac
dinheiro

dolar
Dólar

evro
Euro

jen
Yen

rublja
rublo

švajcarski franak
franco suíço

renmindbi juan
renminbi yuan

rupija
rupia

automat za novac
caixa eletrônico

menjačnica

casa de câmbio

zlato

ouro

srebro

prata

nafta

petróleo

energija

energia

cena

preço

ugovor

contrato

porez

imposto

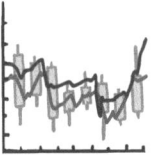

deonica

ação

raditi

trabalhar

službenik

empregado

poslodavac

empregador

fabrika

fábrica

prodavnica

loja

ekonomija - economia

policajac
policial

vatrogasac
bombeiro

kuvar
cozinheiro

lekar
médico

pilot
piloto

vrtlar

jardineiro

stolar

marceneiro

krojačica

costureira

sudija

juiz

hemičar

químico

glumac

ator

vozač autobusa

motorista de ônibus

vozač taksija

motorista de táxi

ribar

pescador

čistačica

faxineira

krovopokrivač

telhador

konobar

garçom

lovac

caçador

slikar

pintor

pekar

padeiro

električar

eletricista

građevinski radnik

construtor

inženjer

engenheiro

mesar

açougueiro

limar

encanador

poštar

carteiro

vojnik

soldado

arhitekta

arquiteto

blagajnik

caixa

cvećar

florista

frizer

cabelereiro

kondukter

condutor

mehaničar

mecânico

kapetan

capitão

zubar

dentista

naučnik

cientista

rabi

rabino

imam

imam

monah

monge

svećenik

pastor

alati
ferramentas

kliješta
alicate
čekić
martelo
odvijač
chave de fenda
džepna lampa
lanterna
ključ za zavrtnje
chave inglesa

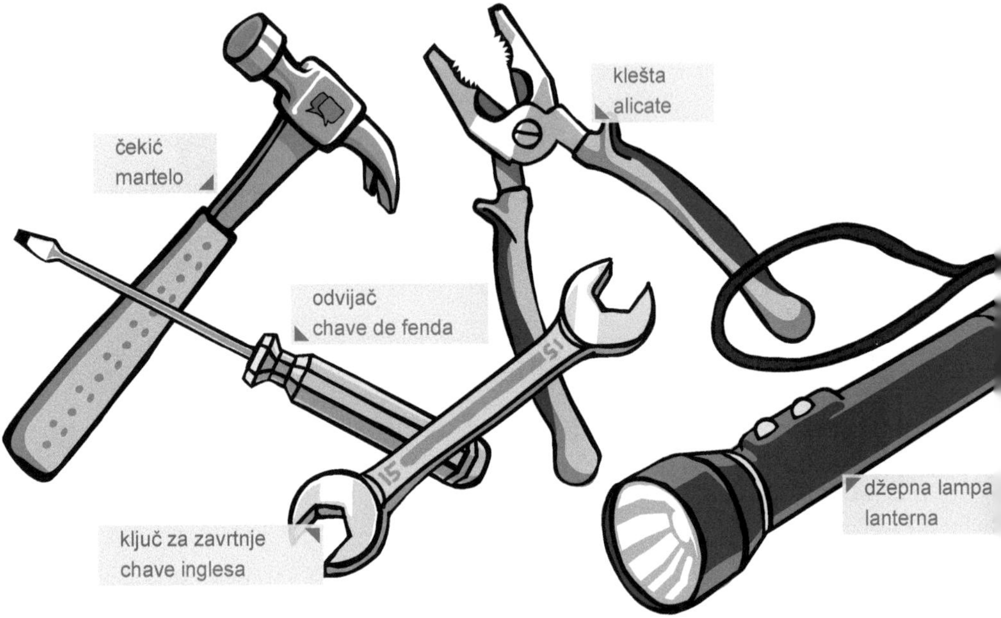

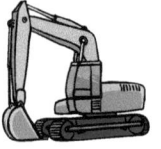

bager
escavadora

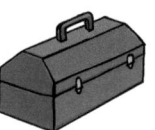

kutija za alat
caixa de ferramentas

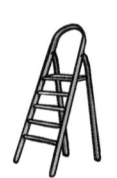

merdevine
escada de mão

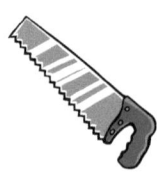

pila
serra

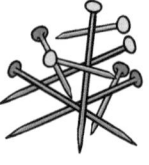

ekser
pregos

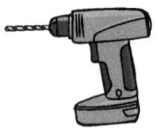

bušilica
furadeira

popraviti

consertar

lopata

pá

do đavola!

Droga!

lopatica

pá de lixo

lonac za boju

pote de tinta

zavrtanji

parafusos

muzički instrument
instrumentos musicais

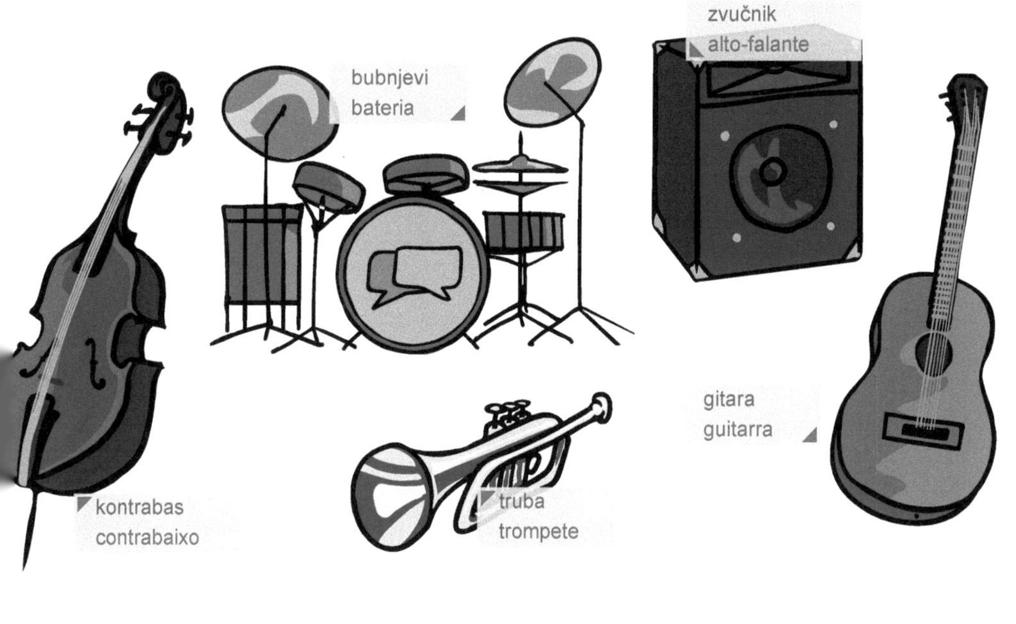

bubnjevi
bateria

zvučnik
alto-falante

gitara
guitarra

kontrabas
contrabaixo

truba
trompete

klavir

piano

violina

violino

bas

baixo

timpani

timbales

udaraljke za bubnjeve

tambor

tipke klavira

teclado

saksofon

saxofone

flauta

flauta

mikrofon

microfone

zoološki vrt
zoológico

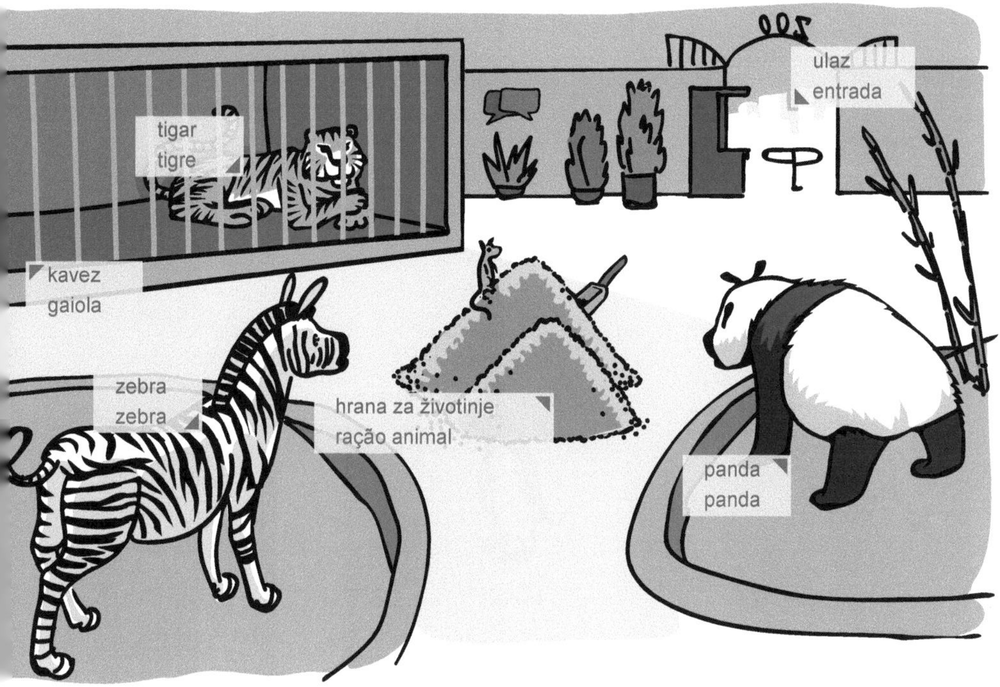

tigar
tigre
ulaz
entrada
kavez
gaiola
zebra
zebra
hrana za životinje
ração animal
panda
panda

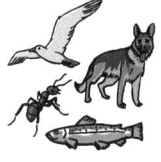

životinje
animais

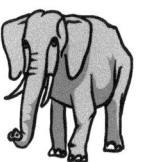

slon
elefante

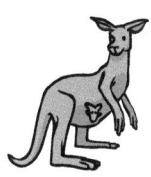

kengur
canguru

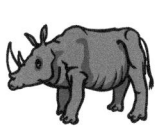

nosorog
rinoceronte

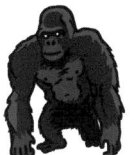

gorila
gorila

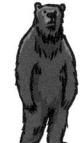

medved
urso

kamila

camelo

noj

avestruz

lav

leão

majmun

macaco

flamingo

flamingo

papagaj

papagaio

polarni medved

urso polar

pingvin

pinguim

ajkula

tubarão

paun

pavão

zmija

cobra

krokodil

crocodilo

čuvar u zoološkom vrtu

guarda do zoológico

tuljan

foca

jaguar

jaguar

poni
pônei

leopard
leopardo

nilski konj
hipopótamo

žirafa
girafa

orao
águia

divlja svinja
javali

riba
peixe

kornjača
tartaruga

morž
morsa

lisica
raposa

gazela
gazela

američki nogomet
futebol americano

biciklizam
ciclismo

tenis
tênis

košarka
basquete

plivanje
natação

boks
boxe

hokej na ledu
hóquei no gelo

fudbal
futebol

badminton
badminton

atletika
atletismo

rukomet
handebol

skijanje
esqui

polo
polo

aktivnosti
atividades

smejati se
rir
skočiti
pular
zagrliti
abraçar
ići
andar
pevati
cantar
sanjati
sonhar
moliti se
rezar
poljubiti
beijar

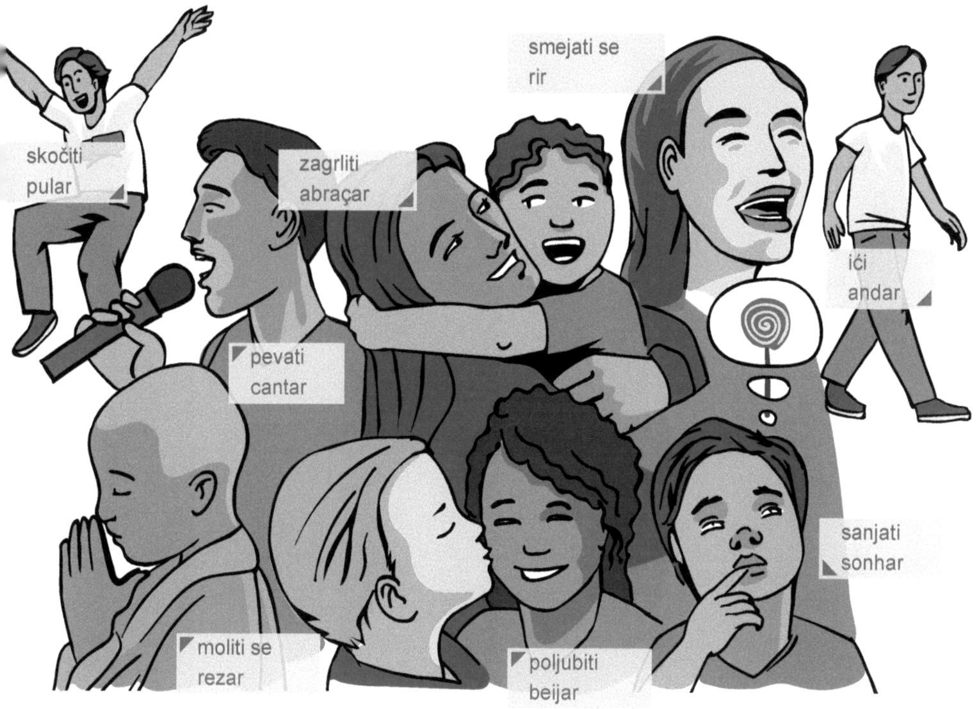

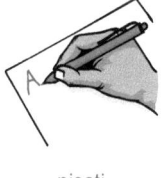

pisati
escrever

crtati
desenhar

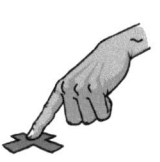

pokazati
mostrar

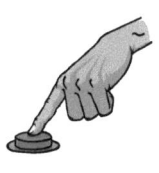

gurati
empurrar

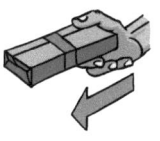

dati
dar

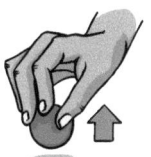

uzeti
tomar

imati
ter

činiti
fazer

biti
ser

stojati
ficar de pé

trčati
correr

povlačiti
puxar

baciti
jogar

padati
cair

ležati
deitar

čekati
esperar

nositi
carregar

sediti
sentar

oblačiti
vestir

spavati
dormir

probuditi se
despertar

gledati

olhar para

plakati

chorar

milovati

acariciar

češljati

pentear

govoriti

falar

razumeti

entender

pitati

perguntar

slušati

ouvir

piti

beber

jesti

comer

pospremiti

arrumar

voleti

amar

kuhati

cozinhar

voziti

dirigir

leteti

voar

ploviti
velejar

računati
calcular

čitati
ler

učiti
aprender

raditi
trabalhar

venčati se
casar

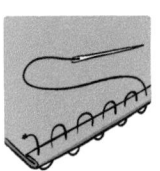

šiti
costurar

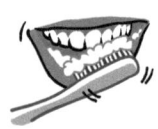

prati zube
escovar os dentes

ubiti
matar

pušiti
fumar

poslati
enviar

porodica
família

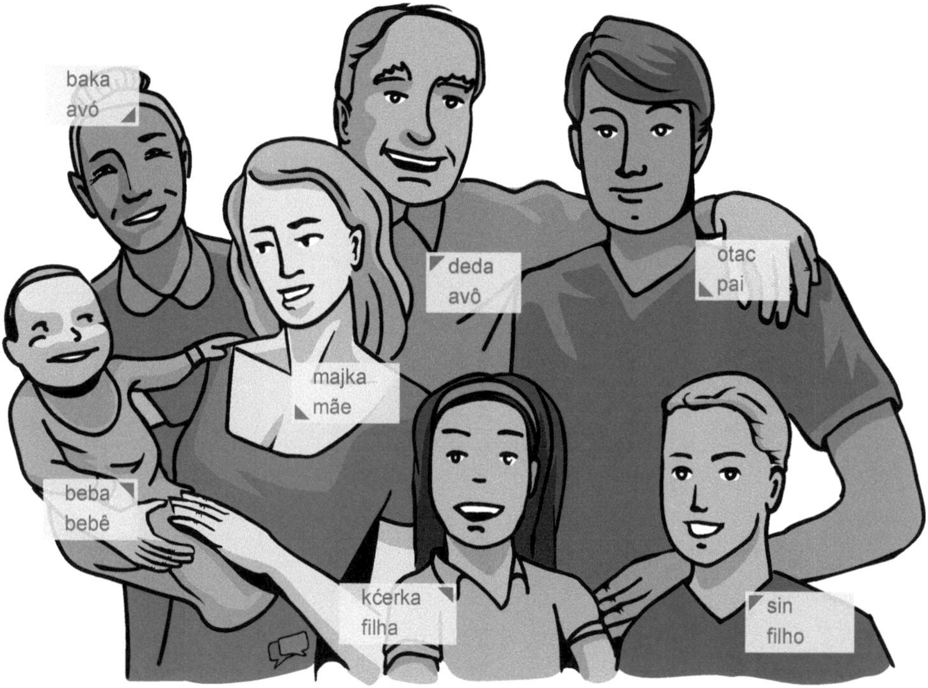
baka
avó
deda
avô
otac
pai
majka
mãe
beba
bebê
kćerka
filha
sin
filho

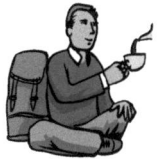

gost

convidado

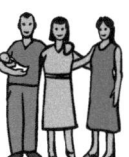

tetka

tia

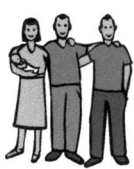

ujak, stric

tio

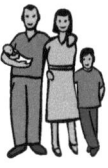

brat

irmão

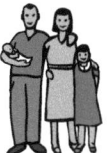

sestra

irmã

telo
corpo

čelo
testa
oko
olho
rame
ombro
prst
dedo
lice
rosto
brada
queixo
ruka
mão
grudi
peito
noga
perna
ruka
braço

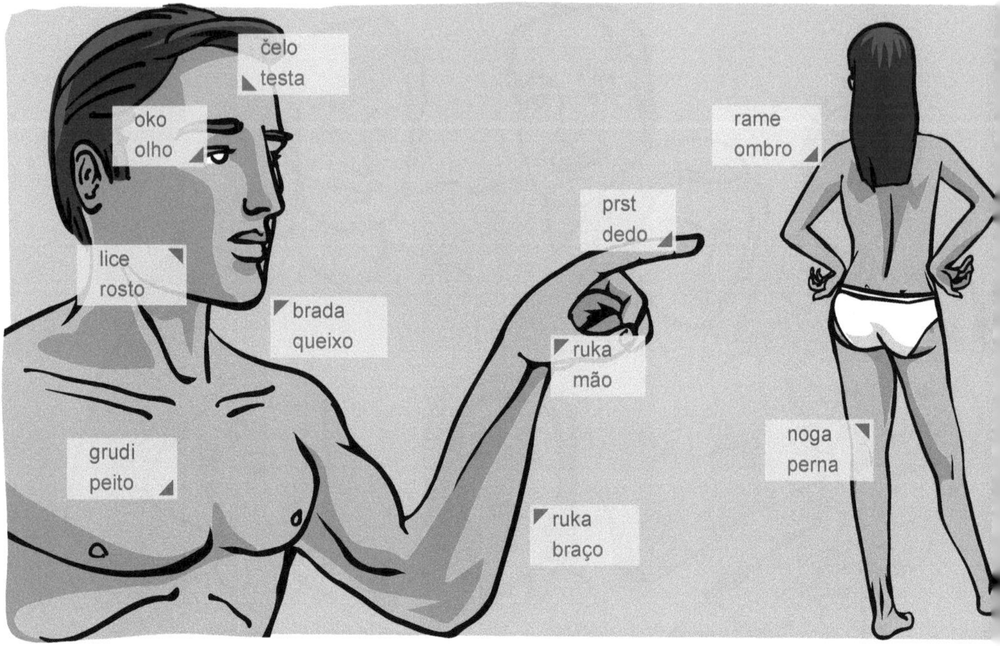

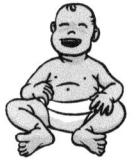

beba
bebê

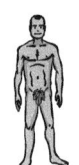

muškarac
homem

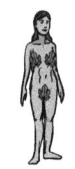

žena
mulher

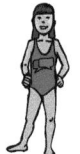

devojčica
menina

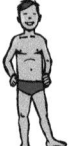

dečak
menino

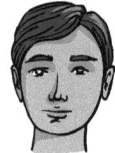

glava
cabeça

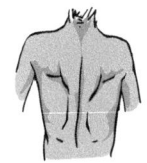

leđa
costas

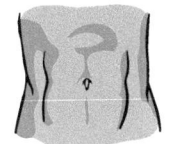

stomak
barriga

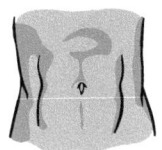

pupak
umbigo

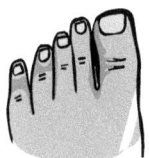

nožni prst
dedo do pé

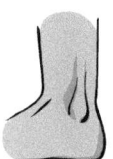

peta
calcanhar

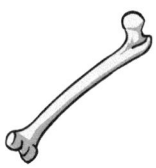

kost
osso

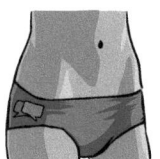

kukovi
anca

koleno
joelho

lakat
cotovelo

nos
nariz

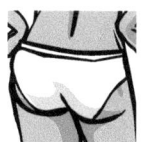

zadnjica
nádegas

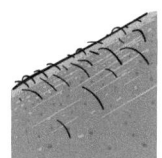

koža
pele

obraz
bochecha

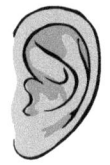

uvo
orelha

usna
lábio

usta
boca

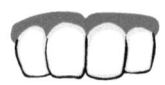

zub
dente

jezik
língua

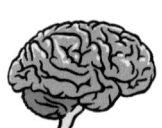

mozak
cérebro

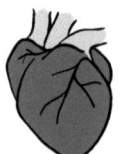

srce
coração

mišić
músculo

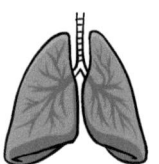

pluća
pulmão

jetra
fígado

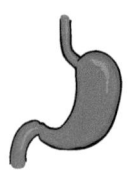

želudac
estômago

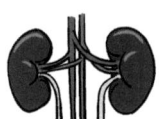

bubrezi
rins

polni odnos
relações sexuais

kondom
preservativo

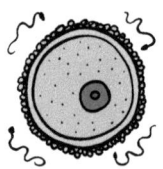

jajna ćelija
óvulo

sperma
esperma

trudnoća
gravidez

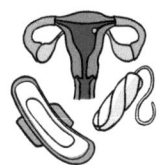

menstruacija

menstruação

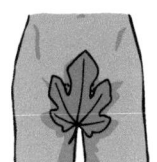

vagina

vagina

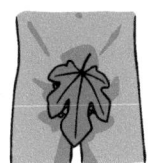

penis

pênis

obrva

sobrancelha

kosa

cabelo

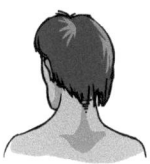

vrat

pescoço

bolnica
hospital

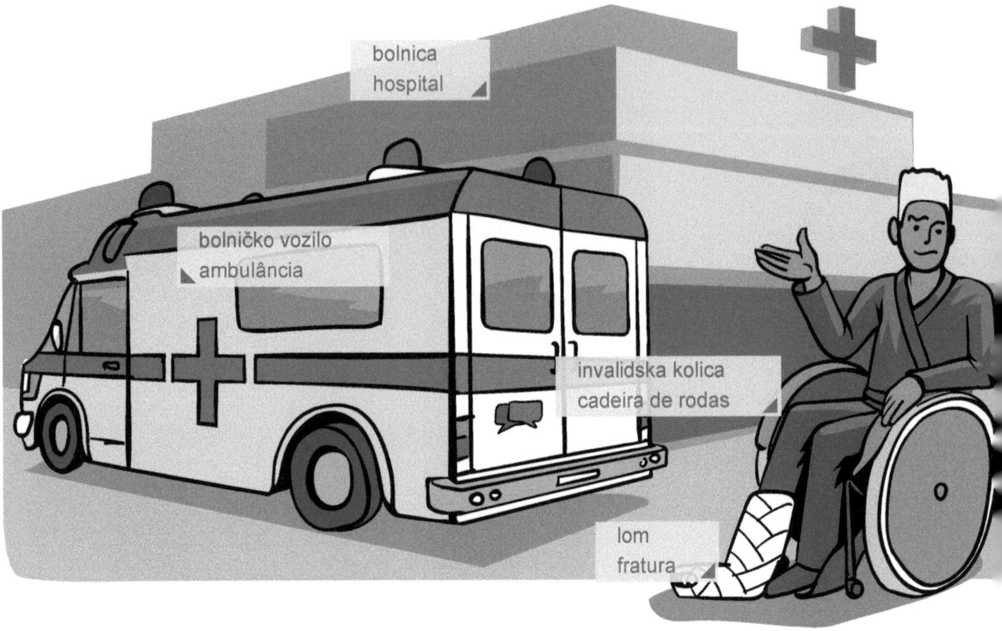

bolnica
hospital
bolničko vozilo
ambulância
invalidska kolica
cadeira de rodas
lom
fratura

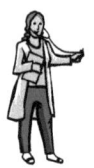

lekar

médico

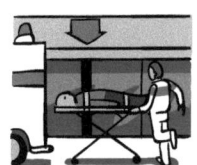

hitna medicinska služba

pronto-socorro

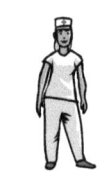

medicinska sestra

enfermeira

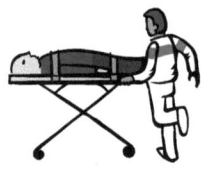

hitni slučaj

emergência

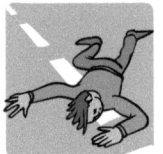

nesvest

inconsciente

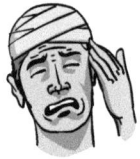

bol

dor

povreda

ferimento

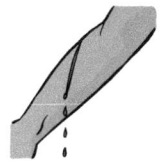

krvarenje

hemorragia

srčani udar

ataque cardíaco

udar

cidente vacular cerebral

alergija

alergia

kašalj

tosse

groznica

febre

gripa

gripe

proliv

diarreia

glavobolja

dor de cabeça

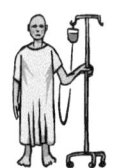

rak

câncer

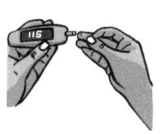

dijabetes

diabetes

hirurg

cirurgião

skalpel

bisturi

operacija

operação

ct

CT

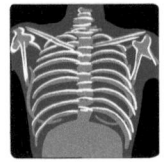

rentgen

raio x

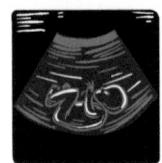

ultrazvuk

ultrassom

maska

máscara

bolest

doença

čekaona

sala de espera

štaka

muleta

flaster

bandeide

zavoj

ligadura

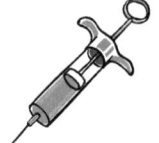

injekcija

injeção

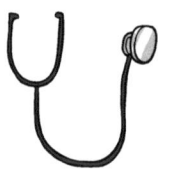

stetoskop

estetoscópio

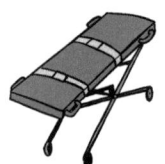

nosila

maca

termometar

termômetro

rođenje

nascimento

prekomerna težina

excesso de peso

slušni aparat

aparelho auditivo

sredstvo za dezinfekciju

desinfetante

infekcija

infecção

virus

vírus

HIV / AIDS

HIV / AIDS

medicina

medicamento

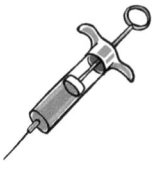

vakcinacija

vacinação

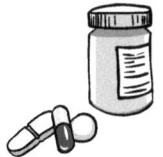

tablete

comprimidos

pilula

pílula

hitni poziv

amada de emergência

uređaj za merenje pritiska

dispositivo de medição de
pressão arterial

bolesno / zdravo

doente / saudável

pomoć!

Socorro!

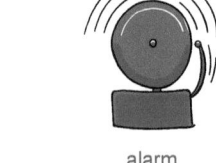

alarm

alarme

nasrtaj

assalto

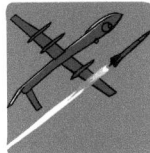

napad

ataque

opasnost

perigo

izlaz u slučaju nužde

saída de emergência

požar!

Fogo!

protivpožarni aparat

extintor de incêndios

nezgoda

acidente

kutija prve pomoći

maleta de primeiros
socorros

sos

SOS

policija

polícia

Evropa

Europa

Severna Amerika

América do Norte

Južna Amerika

América do Sul

Afrika

África

Azija

Ásia

Australija

Austrália

Atlantik

Atlântico

Pacifik

Pacífico

Indijski okean

Oceano Índico

Antarktički okean

Oceano Antártico

Arktički ocean

Oceano Ártico

Severni pol

Polo Norte

Južni pol
Polo Sul

Antarktik
Antártica

zemlja
Terra

zemlja
terra

more
mar

otok
ilha

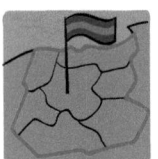

nacija
nação

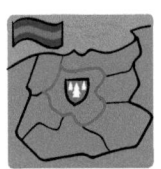

država
estado

brojčanik sata

mostrador do relógio

satna kazaljka

ponteiro das horas

minutna kazaljka

ponteiro dos minutos

sekundna kazaljka

ponteiro dos segundos

Koliko je sati?

Que horas são?

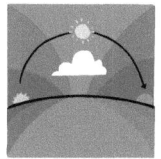

dan

dia

vreme

tempo

sada

agora

digitalni sat

relógio digital

minuta

minuto

čas

hora

sedmica
semana

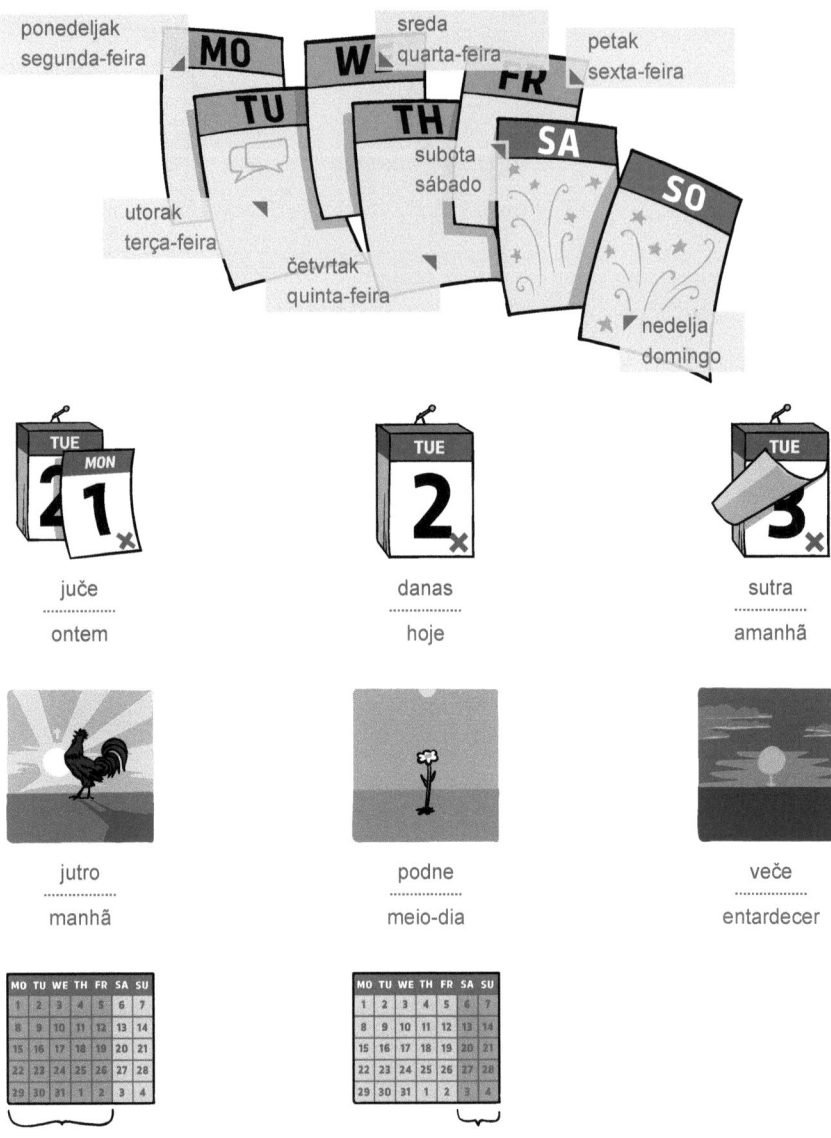

ponedeljak
segunda-feira

MO

sreda
quarta-feira

W

petak
sexta-feira

FR

TU

TH

SA

utorak
terça-feira

subota
sábado

SO

četvrtak
quinta-feira

nedelja
domingo

juče
ontem

danas
hoje

sutra
amanhã

jutro
manhã

podne
meio-dia

veče
entardecer

radni dani
dias úteis

vikend
fim de semana

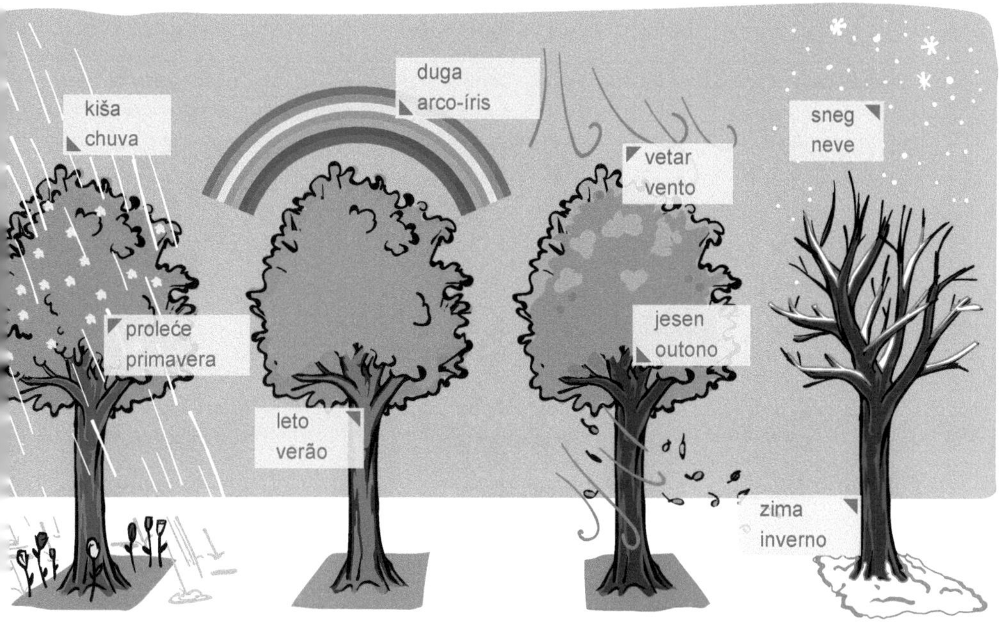

kiša
chuva
duga
arco-íris
vetar
vento
sneg
neve
proleće
primavera
leto
verão
jesen
outono
zima
inverno

4.APRIL	11°	
5.APRIL	4°	
6.APRIL	13°	
7.APRIL	8°	
8.APRIL	10°	

meteorološka prognoza

previsão do tempo

F
C
120 90 60 30 0 -30
40 30 20 10 0 -10 -20

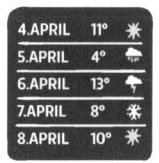

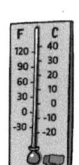

termometar

termômetro

sunčana svetlost

raio de sol

oblak

nuvem

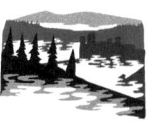

magla

neblina / nevoeiro

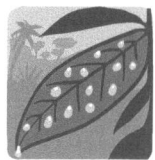

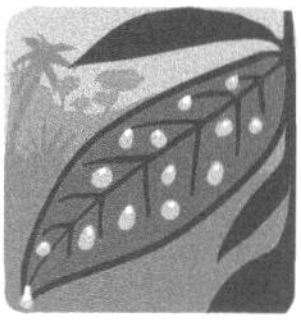

vlažnost vazduha

umidade do ar

munja
....
relâmpago

grmljavina
....
trovão

oluja
....
tempestade

tuča
....
granizo

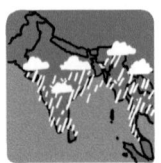

monsun
....
monção

poplava
....
inundação

led
....
gelo

januar
....
janeiro

februar
....
fevereiro

mart
....
março

april
....
abril

maj
....
maio

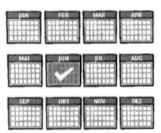

juni
....
junho

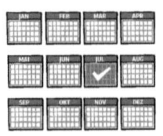

juli
....
julho

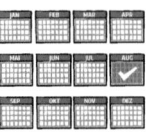

avgust
....
agosto

godina - ano

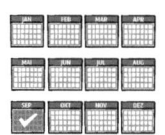

septembar

setembro

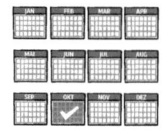

oktobar

outubro

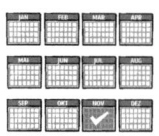

novembar

novembro

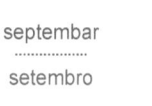

decembar

dezembro

krug

círculo

kvadrat

quadrado

pravougao

retângulo

trougao

triângulo

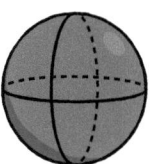

kugla

esfera

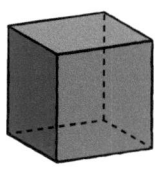

kocka

cubo

boje
cores

bela

branco

žuta

amarelo

narandžasta

laranja

ružičasta

rosa

crvena

vermelho

ljubičasta

lilás

plava

azul

zelena

verde

smeđa

marrom

siva

cinza

crna

preto

mnogo / malo
muito / pouco

ljutito / mirno
furioso / tranquilo

lepo / ružno
lindo / feio

početak / kraj
começo / fim

veliko / maleno
grande / pequeno

svetlo / tamno
claro / escuro

brat / sestra
irmão / irmã

čisto / prljavo
limpo / sujo

potpuno / nepotpuno
completo / incompleto

dan / noć
dia / noite

mrtvo / živo
morto / vivo

široko / usko
largo / estreito

jestivo / nejestivo

comestível / não comestível

zlo / dobro

mau / gentil

uzbuđeno / dosadno

entusiasmado / entediado

debelo / mršavo

gordo / magro

na početku / na kraju

primeiro / último

prijatelj / neprijatelj

amigo / inimigo

puno / prazno

cheio / vazio

tvrdo / mekano

duro / macio

teško / lagano

pesado / leve

glad / žeđ

fome / sede

bolesno / zdravo

doente / saudável

ilegalno / legalno

ilegal / legal

pametno / glupo

inteligente / idiota

levo / desno

esquerda / direita

blizu / daleko

perto / longe

suprotnosti - opostos

novo / polovno

novo / usado

ništa / nešto

nada / alguma coisa

staro / mlado

velho / jovem

uključeno / isključeno

ligado / desligado

otvoreno / zatvoreno

aberto / fechado

tiho / glasno

baixo / alto

bogato / siromašno

rico / pobre

tačno / pogrešno

certo / errado

hrapavo / glatko

áspero / liso

tužno / sretno

triste / feliz

kratko / dugo

curto / longo

polako / brzo

lento / rápido

mokro / suho

molhado / seco

toplo / hladno

ameno / fresco

rat / mir

guerra / paz

0

nula

zero

1

jedan

um

2

dva

dois

3

tri

três

4

četiri

quatro

5

pet

cinco

6

šest

seis

7

sedam

sete

8

osam

oito

9

devet

nove

10

deset

dez

11

jedanaest

onze

12

dvanaest
doze

13

trinaest
treze

14

četrnaest
quatorze

15

petnaest
quinze

16

šestnaest
dezesseis

17

sedamnaest
dezessete

18

osamnaest
dezoito

19

devetnaest
dezenove

20

dvadeset
vinte

100

stotinu
cem

1.000

hiljadu
mil

1.000.000

milion
milhão

engleski

inglês

američki engleski

inglês americano

mandarinski kineski

chinês mandarim

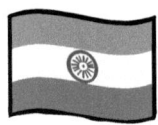

hindski

hindi

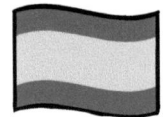

španski

espanhol

francuski

francês

arapski

árabe

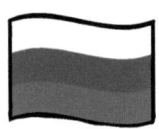

ruski

russo

portugalski

português

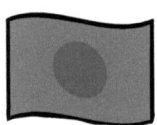

bengalski

bengalês

nemački

alemão

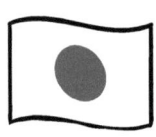

japanski

japonês

ja

eu

ti

você

on / ona / ono

ele / ela

mi

nós

vi

vocês

oni

eles / elas

Ko?

quem?

Šta?

O quê?

Kako?

como?

Gde?

onde?

Kada?

Quando?

ime

nome

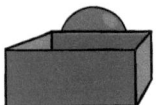

iza

atrás

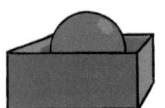

u

em

ispred

na frente de

preko

sobre

na

em cima

ispod

debaixo

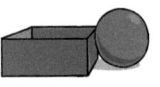

pored

do lado

između

entre

mesto

lugar